I0115249

DÉCISION

Relative à la reprise de la Goelette française la Françoise par le C.en Garnier.

Du 7 Vendémiaire an 12.

AU NOM DE LA RÉPUBLIQUE FRANÇAISE.

LE CONSEIL DES PRISES, établi par l'arrêté des Consuls du 6 germinal an 8 , en vertu de la loi du 26 ventôse précédent, a rendu la décision suivante :

Entre les C.ens *Bourdase* et *Néel,* propriétaires et armateurs de la goelette française *la Françoise,* bâtiment de commerce du port de S. Servan, capitaine *J. B. Cauchard,* d'une part ;

Et le C.en *Michel Garnier,* capitaine en second de ladite goelette, d'autre part ;

Vu , &c.

Vu les conclusions du commissaire du Gouvernement, déposées cejourd'hui par écrit sur le bureau, et dont la teneur suit :

LA goelette *la Françoise,* du port d'environ 40 tonneaux, fut expédiée de Saint-Servan, au mois de germinal an 11, par les C.ens *Jacques Bourdase* et *Guillaume-François Néel,* négocians du même lieu, pour la pêche de la morue sur le grand banc de Terre-Neuve.

Son équipage était composé du C.^{en} *Jean-Baptiste Cauchard*, capitaine, du C.^{en} *Michel-Pierre Garnier*, second capitaine et saleur, âgé de 27 ans, de quatre matelots, d'un novice nommé *Pierre-Jacques-Auguste Lefèvre*, âgé de 20 ans, et d'un mousse.

Par l'acte d'engagement de cet équipage, en date du 14 dudit mois de germinal, il fut convenu que les personnes qui le composaient, outre les pots-de-vin qu'ils toucheraient, participeraient pour un cinquième dans le produit de la pêche, laquelle partie ne pourrait être divisée ni vendue séparément des autres cinquièmes revenant à la société de la goelette; la vente du tout devait se faire en commun par les armateurs.

Ce navire revenait en France avec le produit de sa première pêche, car il devait être fait deux voyages dans l'année, lorsque, le 6 thermidor dernier, ignorant le renouvellement de la guerre entre l'Angleterre et la France, il fut chassé et pris par un corsaire de Guernesey, appelé *la Surprise*, commandé par le capitaine *Thomas Wood*, à la latitude de 48 degrés 54 minutes nord, et à la longitude occidentale de 21 degrés 3 minutes au méridien de Paris.

Le capitaine du corsaire prit sur son bord le capitaine *Cauchard*, les quatre matelots et le mousse; il ne resta sur la goelette de l'équipage français, que le second capitaine *Garnier* et le novice *Lefèvre*. Le capitaine anglais y envoya un capitaine de prise, nommé *John Morris*, âgé de 22 ans, et trois matelots de son équipage, avec ordre de la conduire à Guernesey : deux de ces trois matelots parlaient français.

Il paraît que dès le premier moment de la prise, le C.^{en} *Garnier* forma le projet de recouvrer sa liberté, et de se rendre maître des Anglais; car il a eu la prévoyance de se ménager un poignard et un couteau à morue, que les ennemis n'auraient sûrement pas laissés à sa disposition, s'il n'eût, sans doute, pris la précaution de les cacher pour s'en servir au besoin.

Son premier soin a été d'acquérir la confiance du capitaine de prise : celui-ci, peu expérimenté dans son état, consentit à se laisser suppléer par le C.en *Garnier*, et lui abandonna entièrement la conduite du navire.

Le C.en *Garnier* fit gouverner de manière qu'au lieu d'attérir sur Guernesey, il pût prendre connaissance du cap de la Hague. Le 15 thermidor, on eut connaissance de la terre, et il reconnut l'île d'Aurigny ; mais il persuada au capitaine de prise *Morris*, que c'était Guernesey, et fit en conséquence diriger le navire vers ce point.

Alors il recommanda au C.en *Lefèvre* de bien examiner s'il n'apercevroit point de bâtimens ; et à cinq heures du matin, il l'arma d'un large couteau, en lui recommandant de bien garder l'entrée de l'escalier de la chambre du capitaine de prise, pendant qu'il allait y descendre pour se rendre maître de sa personne.

Il descendit en effet dans cette chambre, saisit le capitaine au collet en le sommant de se rendre, et sur ce que celui-ci fit un mouvement pour se défendre, en portant la main sur un des pistolets attachés à sa ceinture, le C.en *Garnier* lui porta un coup de poignard dont il tomba mort.

Au même instant le C.en *Garnier* s'empara des armes du mort, monta sur le pont et menaça les trois matelots anglais de leur faire subir le sort de leur capitaine, s'ils ne se rendaient ses prisonniers : ceux-ci se jetèrent à genoux et lui promirent d'obéir à tous ses ordres.

Le cadavre du mort fut jeté à la mer : le C.en *Garnier*, qui s'était emparé de ses papiers, fit faire route pour Cherbourg. Sur les huit heures du matin il eut connaissance d'une frégate et d'un brig anglais qui lui donnèrent chasse et le canonnèrent jusque sous les forts de la rade de Cherbourg, où il mouilla sur les deux heures après midi, sans en avoir été atteint. Le lendemain 16, il entra dans le port.

J'ai puisé ces détails dans la déclaration faite par le C.en *Garnier*

2

devant le sous-commissaire de marine à Cherbourg, le 16 thermidor, jour de son entrée dans ce port.

La déclaration du C.en *Lefèvre*, novice, sur les circonstances de l'événement qui a remis la goelette au pouvoir des Français, et les réponses d'un matelot anglais, diffèrent en quelques points de la déclaration du C.en *Garnier*.

Ce novice a dit que peu de temps après la prise de la goelette, le C.en *Garnier* et lui projetèrent de se révolter et d'enlever ce navire; que le 15 thermidor, en vue de l'île d'Aurigny, sur les six heures du matin, ledit *Garnier* le prévint qu'il était temps d'exécuter leur projet; qu'en conséquence il lui remit secrètement un grand couteau à morue, et qu'il descendit, armé d'un poignard, dans la chambre où le capitaine de prise était; qu'il l'appela ensuite, sous prétexte de lui apporter à boire; que lui *Lefèvre* descendit dans la chambre, et qu'aussitôt le C.en *Garnier* se jeta comme un lion sur le capitaine de prise, et lui porta plusieurs coups; qu'en même temps, lui déclarant le saisit par les jambes, et lui donna aussi plusieurs coups du couteau dont il était armé; qu'ensuite le C.en *Garnier* remonta sur le pont, tenant son poignard ensanglanté à la main, et menaçant les trois autres Anglais de les tuer comme leur capitaine, s'ils ne se rendaient pas; mais qu'ils se rendirent : après quoi le capitaine *Garnier* fit faire route pour Cherbourg.

Avant-hier, vers les cinq heures du matin, a dit le matelot anglais, étant à la vue de l'île d'Aurigny, que notre capitaine prenait pour celle de Guernesey, je descendis dans la chambre, où je le trouvai qui dormait : je ne l'éveillai point. Environ un quart d'heure après, le capitaine français descendit aussi dans la chambre, où l'autre Français le suivit, et au même instant nous entendîmes des cris. Je fus de suite pour descendre dans la chambre; mais je rencontrai le capitaine français tenant un grand couteau tout ensanglanté, lequel nous dit de nous rendre ses prisonniers, ou qu'il allait nous tuer tous. N'ayant aucune arme pour nous défendre, nous lui déclarâmes que nous nous rendions, et à ce moyen il ne nous fit point de mal.

Environ une demi-heure après, ajoute ce particulier, le capitaine français se fit aider à retirer le corps de notre capitaine de la chambre. Lorsqu'il fut sur le pont, je vis qu'il était mort ayant reçu quantité de blessures, tant à la tête et au corps qu'aux jambes. Il fut jeté à la mer tout habillé.

Quoi qu'il en soit de ces variantes, il n'en est pas moins vrai que c'est au C.en *Garnier* qu'appartient le mérite d'avoir enlevé à l'ennemi la proie qu'il s'était appropriée ; que c'est lui qui a formé le projet de cet enlèvement, et que, dans l'exécution, il a donné des preuves d'une force de tête et d'un courage qui sont infiniment rares dans un homme de son âge.

Je ne chercherai point à le justifier du reproche d'avoir trahi la confiance du capitaine anglais, parce que ce reproche ne serait point mérité. En effet, un prisonnier qui n'est point lié par sa parole d'honneur, reste en état de guerre avec l'ennemi au pouvoir duquel il se trouve ; et c'est à cet ennemi à se prémunir contre les moyens de force et de ruse que son adversaire peut employer pour recouvrer sa liberté.

Dans l'instruction faite devant les officiers d'administration de marine de Cherbourg, ont été entendus, comme je l'ai déjà dit, le C.en *Garnier* et le C.en *Lefèvre ;* les trois matelots anglais l'ont été également. Les procès-verbaux dressés à cette occasion, sont datés des 16 et 17 thermidor. Dans celui du 17, se trouvent inventoriées les pièces de bord, desquelles le détail est ici inutile.

Sur la demande tant du correspondant des armateurs du navire que des C.ens *Garnier* et *Lefèvre*, il a été procédé, le 29 du même mois de thermidor, au déchargement et à l'emmagasinement de la cargaison.

Par une pétition que le C.en *Garnier* et le C.en *Lefèvre* ont donnée aux officiers d'administration de marine à Cherbourg, sous la date du 25 thermidor dernier, ils ont demandé que, conformément à l'article VIII du titre IX du livre III de l'ordonnance de 1681 et à l'art LIV de l'arrêté du Gouvernement du 2 prairial dernier, la totalité du navire et du chargement leur fût adjugée, comme s'agissant d'une reprise faite sur l'ennemi, le neuvième jour après la capture.

Ces officiers ont, le 2 fructidor suivant, donné une décision par laquelle ils ont déclaré que le navire devait être rendu aux C.ens *Bourdase* et *Néel*, ses propriétaires et armateurs ; mais que les deux marins qui l'avaient enlevé aux ennemis, étaient susceptibles d'une gratification proportionnée à la valeur du navire et de sa cargaison, valant ensemble environ trente mille francs. En conséquence ils ont jugé qu'il devait être alloué aux C.ens *Garnier* et *Lefèvre* le dixième de cette valeur, à répartir entre eux, savoir, les deux tiers au premier et l'autre tiers audit *Lefèvre*, indépendamment des salaires et intérêts qui leur reviennent sur le bâtiment.

Les pièces ont été adressées au secrétaire général du conseil, par le C.en *Roustagne*, commissaire principal de la marine à Cherbourg, le 7 fructidor dernier.

Le conseil remarquera infailliblement que, ne s'agissant ni d'un navire ennemi ni d'un navire pris sous pavillon ennemi, mais d'un navire français dont des hommes de son propre équipage ont repris possession, les officiers d'administration de marine, qui avaient bien qualité pour faire l'instruction, étaient sans pouvoirs pour prononcer sur la réclamation des C.ens *Garnier* et *Lefèvre*. L'atteinte portée aux règles d'attribution, dans cette circonstance, n'est d'aucune importance, puisque le conseil se trouve saisi de l'affaire, et qu'il la décidera définitivement ; mais il croira vraisemblablement convenable d'en faire l'observation au Ministre de la marine et des colonies, en l'invitant de donner à ces officiers des instructions propres à prévenir de pareilles méprises à l'avenir.

Le C.en *Garnier* a remis au secrétariat du conseil un mémoire dans lequel il prétend,

1.º Que la législation maritime de France lui assure, et au C.ᵉⁿ *Lefèvre,* la propriété de leur navire et de son chargement ;

2.º Que ces mêmes lois lui donnent des titres certains à un avancement mérité dans la marine.

A l'appui de sa première proposition, il cite les lois qui, depuis et compris l'ordonnance de 1681 jusques et compris l'arrêté du Gouvernement du 2 prairial dernier, ont fixé, en matière de recousse, les droits des récapteurs ; et il en tire la conséquence qu'un bâtiment recous peut, suivant les circonstances de la recousse, appartenir ou à l'armateur ancien propriétaire, ou à la République, ou au récapteur ;

A l'armateur, sauf la récompense du tiers, si la recousse est faite avant les vingt-quatre heures, et dans ce cas seulement ; à la République, si, après les vingt-quatre heures, la recousse est due aux marins à sa solde ; au récapteur, et absolument à lui, si, n'étant point au service de l'État, il a heureusement combattu.

Or la goelette *la Françoise* avait été neuf jours au pouvoir des Anglais ; donc, dit le capitaine *Garnier,* elle appartient aux récapteurs, puisque ceux-ci n'étaient point à la solde de la République.

On s'arme contre nous, continue ce capitaine, de l'opinion de *Valin,* qui dit que si la recousse est faite par des hommes de l'équipage, ces hommes, étant à la solde de l'armateur, ne paraissent avoir droit qu'à une récompense. Cette opinion est sans doute fondée sur les mêmes motifs qui déterminent le législateur à réduire à une simple récompense les marins à la solde de l'État : les uns et les autres se sont engagés pour combattre ; les premiers, pour l'intérêt de l'armateur, les seconds, pour l'intérêt de l'État, tous pour la défense de leur pays. Mais ici il n'existe aucun engagement semblable ; l'armateur de *Garnier* ne l'a point chargé, n'a point eu l'intention de le charger de sa défense ; il n'en avait point le pouvoir : son bâtiment n'était point armé en guerre ; leurs rapports étaient seulement des rapports de commerce.

Il prétend que les décisions rendues par le Conseil, relativement

4

à des recousses, n'ont aucune analogie avec l'affaire présente ; elles s'appliquent, selon lui, à des équipages armés en course, à des bâtimens recous dans les vingt-quatre heures ; et la goelette *la Françoise*, qui n'avait aucune arme à bord, avait été neuf jours au pouvoir de l'ennemi.

Les dispositions de l'ordonnance de la marine et de l'arrêté du Gouvernement du 2 prairial dernier, qui remettent au propriétaire les navires qui, sans être recous, seraient abandonnés par l'ennemi, ou qui par tempête ou autre cas fortuit reviendraient en la possession des Français, ne peuvent, dans l'opinion de ce capitaine, être invoquées par ses adversaires. Fut-il abandonné, dit-il, notre navire qui ne revint en notre pouvoir qu'après un combat dans lequel le capitaine ennemi perdit la vie ? Fut-ce la tempête qui le jeta sur nos côtes, ou n'y fut-il pas dirigé par mon adresse et mon expérience ? Ne serait-il pas trop absurde d'attribuer au hasard les combinaisons, le sang-froid et le courage qui l'ont enlevé à l'ennemi ?

Il termine les moyens sur lesquels il appuie la demande de la totalité du navire et du chargement, par observer que l'arrêté du 2 prairial dernier porte bien que dans le cas où une prise aurait été faite par un bâtiment non muni de lettre de marque, elle serait confisquée au profit de la République ; mais le même article porte, sauf le cas où la prise aurait été faite par un bâtiment de commerce, d'ailleurs muni de passe-port ou de congé de mer : or la goelette *la Françoise* était munie de cette pièce.

Ce capitaine fait ensuite l'énumération de ses campagnes et de ses services, qui lui paraissent mériter son avancement : je n'en ferai point ici le détail, parce que ce sont choses étrangères à la question qui est à décider ; mais je ne doute point que le Conseil ne se fasse un devoir de faire connaître au Ministre de la marine la bonne conduite que ce marin a tenue, et le courage dont il a donné des preuves dans le recouvrement de sa liberté et de son navire, et qu'il ne l'invite à lui procurer l'avancement dont il le jugera digne.

De leur côté, les C.ens *Bourdase* et *Néel*, armateurs de la goelette, ont donné un mémoire en réponse à celui du C.en *Garnier*.

Ils y soutiennent que les réglemens sur les recousses ne sont point applicables au cas présent, où *Garnier* et *Lefèvre* n'ont pu agir que pour la société même dont ils étaient à-la-fois agens et copropriétaires.

Qu'y-a-t-il, disent-ils, de commun entre ces lois et l'espèce actuelle ? Ces lois se bornent à déterminer les droits de recousse ; et pour qu'il y ait recousse, il faut qu'un tiers intervienne entre le navire pris et l'ennemi capteur, et qu'il arrache à cet ennemi les objets qui étaient devenus sa proie.

Ici point de tiers : ce sont les prisonniers laissés dans le navire pris par l'ennemi, qui se sont délivrés eux-mêmes, et n'ont fait que ramener dans un port français le navire même qui leur avait été confié par les propriétaires. Il n'y a donc pas de recousse.

Et, en effet, il répugne à la signification des mots et à la nature des choses, qu'on fasse une recousse sur soi-même. On s'arrache à l'ennemi dont on était la proie, on se délivre ; mais en se délivrant on ne fait pas une conquête ; on ne fait pas la conquête de soi-même, ou, ce qui est la même chose, on ne se reprend pas.

Ils opposent ensuite à *Garnier* les dispositions de l'article IX du titre *des Prises* de l'ordonnance de 1681, et de l'article LV de l'arrêté du 2 prairial dernier, qu'il a citées lui-même, et desquelles il résulte que si un navire, sans être recous, est abandonné par les ennemis, ou si, par tempête ou autre cas fortuit, il revient en la possession des Français avant qu'il ait été conduit dans un port ennemi, il sera rendu au propriétaire qui le réclamera dans l'an et jour, quoiqu'il ait été plus de vingt-quatre heures entre les mains des ennemis.

N'est-ce pas par un effet du hasard, disent-ils, par un cas extraordinaire, que *Garnier* obtint la confiance du capitaine de prise, se fit abandonner la direction de la goelette, et prépara ainsi l'événement qui le rendit à la liberté ?

D'après l'article LV de l'arrêté du 2 prairial, tout navire qui a été pris, et qui, sans être recous, revient en la possession des Français par tout autre événement quelconque, doit être restitué aux propriétaires : donc cette restitution ne peut être refusée que dans le cas précis où il y a recousse proprement dite ; et l'on a déjà vu, disent-ils, que cette condition manque radicalement.

Ils rapportent l'opinion de *Valin*, dans son commentaire sur l'article VIII du titre *des Prises* de l'ordonnance de 1687, citée par *Garnier* lui-même, et demandent à ce marin où il a trouvé la distinction qu'il veut établir, en disant que cette opinion se réfère uniquement à l'équipage d'un vaisseau armé en course, et non à celui d'un simple bâtiment de commerce. Quelle différence, disent-ils, y a-t-il entre la position d'un équipage prisonnier dans son propre navire, originairement armé en course, et celle d'un équipage prisonnier dans un bâtiment non armé ? Celui-là n'est-il pas dès-lors sans armes, de même que celui-ci ? et l'engagement formel, qu'avait pris le premier de combattre pour l'intérêt de son armateur, n'a-t-il pas cessé de plein droit, dès qu'il a été désarmé par une force supérieure ?

Ils rapportent aussi, dans tout son détail, l'opinion d'*Émérigon*, chapitre XII, section XXV de son *Traité des assurances*, qui, comme celle de *Valin*, est absolument contraire à la prétention de *Garnier*.

Cette prétention, disent-ils, déjà réfutée par les motifs qui firent proscrire celle du capitaine *Armand* et du patron *Maunier*, dans les exemples cités par *Valin* et par *Emérigon*, est plus chimérique encore sous un rapport ultérieur.

Entre *Garnier* et nous était intervenu le contrat que *Pothier*, dans son *Traité des contrats de louage maritimes*, appelle un engagement au profit et à la part ; lui, ainsi que les autres hommes de l'équipage, étaient véritablement nos coassociés, par rapport à la cargaison sur laquelle leur étaient dévolus les objets et la quotité déterminés dans ce contrat : n'est-il pas évident, sous ce nouvel aspect, que le recouvrement, fait par deux des coassociés, ne peut tourner qu'à l'avantage commun de la société ?

Ces armateurs terminent leur mémoire en disant qu'ils ne contestent point aux C.ens *Garnier* et *Lefèvre* le droit particulier qu'ils ont à une récompense pécuniaire ; qu'ils en provoquent au contraire l'application, se reposant sur la sagesse du Conseil pour le soin et le mode de la déterminer. Il est, ajoutent-ils, une autre récompense plus digne de la bravoure française, et dont ils sont déjà investis ; c'est la gloire attachée à leur action vraiment héroïque. D'ailleurs, ils ont la perspective d'appeler sur eux l'attention d'un Gouvernement dont le chef, personnellement décoré de tous les genres de gloire, connaît si éminemment le prix de la valeur.

Tels sont les moyens dont les parties ont respectivement fait usage.

Le Conseil a vu que le C.en *Garnier*, dans ceux qu'il a employés, s'est proposé un double objet, celui d'obtenir la totalité du navire et du chargement, et celui d'obtenir son avancement dans la marine.

Ce dernier objet étant étranger aux attributions du Conseil, je ne puis que me référer à l'opinion que j'ai déjà émise à ce sujet.

Quant au premier, j'avoue que j'ai vu avec peine le C.en *Garnier* persister dans des prétentions qui ne sont pas de nature à pouvoir être accueillies. Je présume qu'il a été trompé par des conseils erronés qui lui ont été donnés au port de son arrivée, et qu'après avoir pris, devant les officiers d'administration de marine, des conclusions tendant à obtenir, non une simple récompense, mais la totalité du navire et du chargement, il a cru son amour-propre engagé à y persévérer jusqu'à la fin.

Comment, par exemple, n'a-t-il pas rejeté loin de lui l'idée de s'approprier même le cinquième de la cargaison qui lui appartient en commun avec ses malheureux compagnons, prisonniers des Anglais ! Il n'a pas réfléchi, sans doute, que trop d'ardeur pour le gain dépare les plus belles actions, en donnant lieu de soupçonner que l'espoir du lucre en a été seul le principe.

Je quitte ces réflexions pour passer à l'examen des principes d'après lesquels une affaire aussi simple que celle dont il s'agit, doit être décidée ; ces principes sont bien connus du Conseil.

Lorsqu'un navire est pris par l'ennemi, il ne peut repasser au pouvoir des Français que par l'effet d'une reprise, ou par un événement imprévu appelé cas fortuit.

Dans le cas d'une reprise, elle est faite avant ou après vingt-quatre heures du moment de la capture. Cette reprise est encore faite par un bâtiment de la République ou par un bâtiment particulier.

Si elle est faite par un bâtiment de la République, le navire recous est rendu au propriétaire, qui est assujetti à payer seulement à l'équipage récapteur une gratification du trentième ou du dixième de la valeur du tout, suivant qu'elle a été effectuée avant ou après les vingt-quatre heures. Article LIV de l'arrêté du 2 prairial dernier.

La reprise est-elle faite par un bâtiment particulier ; alors il faut examiner si ce bâtiment est porteur ou non d'une commission en guerre ; car on doit suivre pour les reprises les mêmes règles que pour les prises. Dans le premier cas, il jouit du tiers ou de la totalité du navire recous, suivant que la recousse a été faite avant ou après les vingt-quatre heures. Même article cité.

Dans le second, la reprise se fait au profit de la République. Article XXXIV du même arrêté.

Il n'est pas douteux que dans ce dernier cas, l'intention du Gouvernement ne soit que le navire recous soit restitué aux propriétaires, puisqu'il en use ainsi pour les navires repris par les bâtimens de la République, soit avant ou après les vingt-quatre heures ; sauf les gratifications fixées dans l'un ou dans l'autre de ces cas ; et c'est très-probablement en envisageant l'affaire sous ce point de vue, que les officiers de marine de Cherbourg ont fixé la gratification due aux C.ens *Garnier* et *Lefèvre*, au dixième de la valeur du navire et du chargement.

Le C.en *Garnier* prétend qu'une prise faite par un bâtiment de commerce, non muni de lettre de marque, doit être adjugée aux récapteurs, d'après l'article XXXIV de l'arrêté du 2 prairial, pourvu que le bâtiment ait un passe-port ou congé. Il aurait dû remarquer qu'il ne s'agit ici que d'une exception à la règle, une exception qui ne se rapporte qu'au cas où la prise aurait été faite dans la vue d'une légitime défense.

Mais dans quelle classe doit-on ranger l'acte par lequel l'équipage d'un navire pris, s'en remet en possession et l'enlève à l'ennemi?

Il est certain que ce n'est point dans celle des reprises dont il est question dans l'article LIV de l'arrêté du 2 prairial, puisque cet article ne parle que des reprises faites par les corsaires et les bâtimens de la République.

Ce doit donc être dans celle qui a rapport aux cas fortuits dont il est parlé dans l'article LV; et, en effet, ce ne peut être que par des circonstances fortuites, qui tiennent à l'imprévoyance et au défaut de vigilance des capteurs, que des hommes désarmés parviennent à reprendre la possession d'un bâtiment où ils sont prisonniers, et où leur nombre est beaucoup moindre que celui de leurs ennemis.

Aussi les réglemens n'ont-ils fait de ce cas aucune mention particulière.

Au surplus, toute discussion ultérieure sur ce point serait superflue, puisque, en rangeant cette sorte de rentrée en possession dans la classe des recousses, il faudrait la placer dans la catégorie des reprises faites par des navires dépourvus de lettres de marque; et alors ce serait à la République que le bénéfice de la recousse devrait être adjugé; d'où s'ensuivrait la remise aux propriétaires. Ce système serait même défavorable aux récapteurs, puisque, dans ce cas, ils n'auraient à espérer, des propriétaires auxquels le bâtiment serait rendu, que l'une des deux gratifications fixées par l'article LIV de l'arrêté du 2 germinal, au lieu que, s'agissant d'un cas fortuit, le juge a la liberté de proportionner la récompense aux dangers courus et à l'importance du service rendu.

La doctrine des auteurs, tels que *Valin* et *Émérigon*, est conforme aux principes que je viens de poser, et la jurisprudence du Conseil les a toujours consacrés. Il a toujours pensé qu'il serait contraire à l'équité, que les hommes dont un armateur a formé l'équipage de son navire, et qui, pour la conduite de ce navire, sont ses propres représentans, devinssent pour lui ce que serait un corsaire étranger, et s'enrichissent de ses propres dépouilles. Il faut d'ailleurs éviter le danger d'intéresser les équipages à ne pas faire tous leurs efforts pour empêcher leurs navires de tomber au pouvoir de l'ennemi, par l'espoir d'en faire la reprise et de se les approprier ensuite.

Le C.en *Garnier* révoque cette jurisprudence en doute, ou plutôt ne l'applique qu'aux reprises de bâtimens armés en guerre : mais la distinction entre un corsaire et un bâtiment de commerce recous, comme ses armateurs le lui observent, n'est fondée sur rien de solide; car, après la capture, les équipages ne sont pas plus liés les uns que les autres envers les propriétaires de leurs navires. A cette réponse, j'ajouterai que les décisions rendues par le Conseil, les 1.er thermidor et 13 fructidor derniers, dans les affaires des navires l'*Aimable-Agathe* et l'*Assomption,* prouvent que, pour les simples bâtimens de commerce, il suit la même règle que pour ceux armés en guerre.

Je crois avoir établi que le C.en *Garnier* et le C.en *Lefèvre* n'ont droit de réclamer qu'une simple gratification; et cela d'autant mieux, comme les C.ens *Bourdase* et *Néel* en ont fait la remarque, qu'ils sont dans une sorte de société avec eux; société toutefois que je trouve être plus intime avec leurs compagnons prisonniers en Angleterre, pour le cinquième qui leur revient en commun, qu'avec les armateurs.

Je dois m'en rapporter à la sagesse du Conseil pour la fixation de la quotité de cette gratification; j'ai cependant l'honneur de lui observer que celle portée par la décision des officiers d'administration de marine à Cherbourg, ne me paraît pas suffisante. J'observerai encore que le cinquième du chargement, qui appartient à l'équipage, me paraît devoir être exempt de contribuer à cette gratification : il n'est pas juste que *Garnier* et *Lefèvre*, qui ont eu le bonheur de rompre leurs fers, enlèvent à leurs compagnons, qui portent encore les leurs, une partie des secours destinés à en alléger le poids.

D'après ces diverses considérations, je conclus à ce que le Conseil prononce la validité de la reprise de possession faite par les C.ens *Garnier* et *Lefèvre*, de la goelette *la Françoise ;* à ce qu'il ordonne que ledit navire et son chargement seront remis à la disposition des C.ens *Bourdase* et *Néel,* sous la condition qu'ils seront tenus de payer auxdits *Garnier* et *Lefèvre,* une récompense égale à telle portion qu'il croira devoir fixer, de la valeur entière du navire et des quatre cinquièmes du chargement, le cinquième appartenant à l'équipage demeurant exempt de contribution; le tout diminution faite des frais pour la conservation du navire et du chargement : lesquelles gratifications, préalablement réglées d'après l'évaluation du navire et du chargement, faite par experts convenus entre les parties, sinon nommés d'office par le commissaire principal de marine à Cherbourg, seront partagées entre les C.ens *Garnier* et *Lefèvre,* dans la proportion de quatre cinquièmes pour le premier, et d'un cinquième pour le second, proportion à-peu-près égale à celle fixée par l'acte d'engagement, sans préjudice de leurs parts dans le cinquième du chargement. Je conclus, en outre, à ce que le Ministre de la marine et des colonies soit invité, 1.º à prendre en considération la conduite ferme et courageuse qu'a tenue le C.en *Garnier,* dans la reprise de possession de son navire, et à lui procurer l'avancement qu'il le jugera dans le cas de mériter, comme aussi à lui faire toucher, et au C.en *Lefèvre,* la gratification relative aux trois prisonniers qu'ils ont faits; 2.º à recommander aux officiers d'administration de la marine de Cherbourg, de s'abstenir, à l'avenir, de prononcer sur des affaires de la nature de celle-ci.

Délibéré à Paris, le 7 vendémiaire an 12.

Signé COLLET-DESCOSTILS.

Ouï le rapport du C.en *Niou*, membre du Conseil ;

Au moyen de ce qu'il ne peut pas s'élever de doute fondé sur les droits que ne cessent d'avoir à leur propriété les armateurs d'un navire que tout ou partie de son propre équipage parvient, en quelque temps que ce soit, à enlever à l'ennemi qui s'en était d'abord emparé ;

Que ces droits, implicitement consacrés par les réglemens, dérivent de la seule équité naturelle, et sont formellement reconnus tant par les publicistes qui ont traité la question, que par la jurisprudence constante du Conseil ;

Mais que, par l'organe des mêmes publicistes, la justice et la reconnaissance proclament que les auteurs de la reprise doivent être récompensés en proportion soit du danger qu'ils ont couru, soit de l'importance du service qu'ils ont rendu à ceux dont ils étaient les agens, et qu'il suffit d'énoncer les circonstances dans lesquelles s'est trouvé le capitaine *Garnier*, pour être convaincu qu'il n'y a point de récompense qui soit au-dessus de son courage et de son intrépidité ;

Qu'en effet, à peine se voit-il seul avec un novice au pouvoir de l'Anglais, il entreprend de le faire servir à sa propre délivrance et à celle de la propriété qu'il conduisait peu auparavant, alliant la prudence qui projette à la fermeté qui exécute, sans mettre en balance le danger qu'il court à chaque instant de perdre la vie ; après avoir préparé l'instant favorable, il se jette sur le capitaine anglais, le frappe à mort, au moindre signe de résistance, puis avec les armes du vaincu fait tomber ses trois autres gardiens à ses genoux , et à travers le péril non moins imminent d'être immolé par d'autres Anglais qui le poursuivaient , ramène glorieusement sur le sol français , son navire, sa cargaison et ses prisonniers;

Qu'ainsi, les armateurs qui , contre toute probabilité , et par une espèce de prodige héroïque, recouvrent leur propriété, n'auront point à se plaindre de la partager avec leurs libérateurs ; et que signaler au Gouvernement un trait de bravoure aussi éclatant, digne d'être recueilli dans les annales de la marine française, c'est tout-à-la-fois un devoir pour le Conseil, et un nouveau moyen d'encouragement pour ceux qui, guidés comme le capitaine *Garnier* par une audacieuse impétuosité et par un imperturbable sang-froid, sont capables de seconder les mesures que prépare le héros de la France, pour faire respecter les traités, affranchir les mers de la tyrannie britannique , et assurer la liberté du commerce des nations;

Le Conseil, sans s'arrêter à la décision rendue par les officiers d'administration de marine à Cherbourg, le 2 frimaire dernier, laquelle est déclarée nulle et incompétente, décide que la reprise faite sur les Anglais, de la goelette *la Françoise* , par *Michel Garnier ,* capitaine en second de ladite goelette, et *Jacques Lefèvre*, novice, est bonne et valable; en fait pleine et entière main-levée au profit de *Jacques Bourdase* et *Guillaume-François Néel ,* négocians à Saint-Servan. En conséquence, ordonne que lesdits négocians seront remis en possession de ladite goelette et de son chargement ; à la charge par eux de payer préalablement, d'après l'estimation qui en sera faite par experts choisis par les parties, ou nommés d'office par l'administration de marine à Cherbourg, sauf toutefois la déduction des frais de conservation, 1.° à l'équipage de ladite goelette, dont faisaient partie le capitaine *Garnier* et ledit *Lefèvre*, le cinquième de la cargaison appartenant audit équipage; 2.° audit capitaine *Garnier* et au novice *Lefèvre*, la moitié de la valeur de la goelette et du surplus de la cargaison, pour être répartie entre eux, savoir, quatre cinquièmes au capitaine *Garnier*, et le cinquième au novice;

Arrête en outre que le Ministre de la marine sera invité, 1.° à prendre en considération la conduite ferme et l'heureuse audace du capitaine *Garnier* dans cette circonstance vraiment périlleuse, à lui procurer, ainsi qu'au novice *Lefèvre*, l'avancement dont il les jugera susceptibles, et à les faire jouir de la gratification accordée par les réglemens, pour les prisonniers amenés en France; 2.° à recommander aux officiers de marine de Cherbourg de se renfermer désormais dans leurs attributions, qui, dans l'espèce actuelle, se bornaient à faire l'instruction et à transmettre les pièces au Conseil.

Fait le 7 vendémiaire, an 12 de la République française. Présens les C.ᵉⁿˢ BERLIER, *président;* NIOU, LACOSTE, MONTIGNY-MONPLAISIR, TOURNACHON, LA LOY, LE CAMUS DE NÉVILLE, MOREAU, PARSEVAL-GRANDMAISON, tous membres du Conseil des Prises, séant à Paris, maison de l'Oratoire.

AU NOM DE LA RÉPUBLIQUE FRANÇAISE, il est ordonné à tous huissiers sur ce requis de mettre la présente décision à exécution; à tous commandans et officiers de la force publique, de prêter main-forte lorsqu'ils en seront légalement requis; et aux commissaires du Gouvernement, tant intérieurs qu'extérieurs, d'y tenir la main.

En foi de quoi la présente décision a été signée par le président du Conseil et par le rapporteur.

Par le Conseil :

Le secrétaire général, signé CALMELET.

A PARIS, DE L'IMPRIMERIE DE LA RÉPUBLIQUE.
Vendémiaire an XII.

www.ingramcontent.com/pod-product-compliance
Lightning Source LLC
Chambersburg PA
CBHW060711280326
41933CB00012B/2389

* 9 7 8 2 0 1 4 4 9 5 3 7 9 *